Mi Viaje a America

Buu-Van A.J. Rasih

To order additional copies of this book, contact:
Xlibris
1-888-795-4274
www.Xlibris.com
Orders@Xlibris.com

Mi Viaje a America

Buu-Van A.J. rasih

La vida y el espíritu triunfante de Buu-Van A.J. Rasih

Biografía

- Buu-Van nació el 1 de marzo de 1950 en Luangprabang, Laos, como el menor de cuatro hijos en sus padres inmigrantes vietnamitas.

- En 1975, recibió su licenciatura en ingeniería de riego de Nonthabury Facultad de Ingeniería en Tailandia.

- El 29 de enero de 1977, se casó con su otra mitad, Vilaykhone Connie Simuong. Ellos tienen Tres, niños maravillosos: Bobby Amata, George Joe y Valentina Cupido.

- En 1984, se convirtió en un orgulloso ciudadano naturalizado de los Estados Unidos de América.

- En 1994, sintió la presencia del Espíritu Santo y se convirtió en un ministro cristiano ordenado en Las Vegas, Nevada. Poco después de esta experiencia, se sumergió en la literatura y comenzó Escribiendo nueva poesía moderna americana.

- En 2001, decidió continuar su educación y obtuvo su título de postgrado en California. Universidad del Estado, San Marcos en Administración de Empresas y Estudios de Liderazgo.

- Habla cinco idiomas: laosiano, vietnamita, tailandés, inglés y francés.

- Es ganador del Premio al Patrimonio Asiático 2006 por Arte, Literatura y Filosofía y el Premio de la International Society of Poet for Editor's Choice en 2005 y 2006; y fue seleccionado por Marquis Who 'Who in America en 2009 y 2010 Who' Who in the World.

Hijo de inmigrantes Vietnamitas

Thiem Van Nguyen
Padre

- Nació el 1 de marzo de 1950 en Luangprabang, Laos.

- Era el menor de cuatro. niños a su vietnamita padres inmigrantes.

Duoc Thi Nguyen
Madre

Ambicion Juvenil

Buu-Van recibió su licenciatura en ingeniería hidráulica de Nonthabury College en Tailandia, con una beca otorgada por el antiguo gobierno de Royal Lao. También había trabajado para la Agencia de los Estados Unidos para la Internacional.

Desarrollo (USAID) en Laos. Así, el inglés se convirtió en su quinta lengua añadida a Su repertorio de idiomas, que ya consistía en: lao, vietnamita, tailandés y Francés.

Estudiante de ingenieria hidraulica
Escuela de Riego Nonthaburi Pakkred,
Nonthaburi, Tailandia
1971 – 1975

Un ingeniero de riego
y especialista en
ingeniería hidráulica.
Vientianne, Laos
Abril de 1975

1971: Ganador del Premio de la Beca de la Junta de Educación de Laos por estudiar en el extranjero (Tailandia)

El comienzo del viaje

"América significa un mucho para mi Vine para este país en búsqueda de personal libertad, oportunidad y libertad para mi familia."

- AsiaMediaInc.

Después de la caída del gobierno real de Laos, escapó a Tailandia y finalmente llegó a los Estados Unidos de América a mediados de la década

Fuera de muchos. . .
Pero uno

Buu-Van inmediatamente comenzó a trabajar tan pronto como llegó a San Diego,
California el 9 de abril de 1976. Comenzó coordinando el reasentamiento.
actividades para los refugiados indochinos; más tarde comenzó su trabajo como
Intérprete de la corte acreditado para los idiomas de Laos, Vietnam y Tailandia.
para la Corte Superior de San Diego al año siguiente.
Desde entonces ha interpretado en varios idiomas y es considerado
Un experto en lengua y cultura. Buu-Van ha servido y apoyado a muchos
Comunidades asiáticas en el área de San Diego, especialmente laosiana-estadounidense.
Comunidad, desde hace muchos años.
Debido a que tiene un vasto conocimiento de los lenguajes de multiplicidad, bromea "Soy
un políglota ".

- AsianAmerican.net

Fuera de la oscuridad sale la luz.

1977-1982

Cuando llegó a San Diego,
California, USA el 9 de abril de 1976,
coordinó el reasentamiento
Actividades para los refugiados indochinos.
y comenzó su trabajo como Aprobado.
Intérprete y traductor para
la Corte Superior de San Diego en
Laosiano, tailandés y vietnamita
Idiomas al año siguiente.
Además de trabajar como traductor,
Rasih había servido como director asociado
del refugiado de Caridades Católicas
programa y servido desde 1991-1994 en
La Comisión de Recursos Humanos de la
ciudad.
Las relaciones como enlace con su amada.
Comunidad laosiana.

- AsiaMediaInc.com
Un Director Asociado Programa de
Refugiados Caridades Católicas
San Diego, California, USA.

The Indochinese Mutual Assistance Association

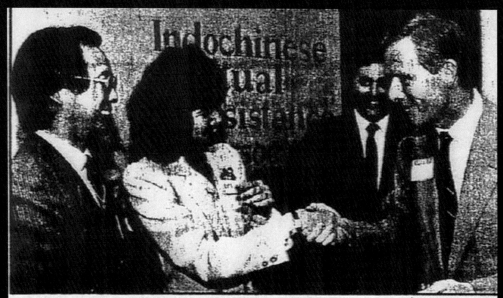

Senator greets refugee workers

Tribune photo by George

Sen. Pete Wilson greets Bouavanh Rasih and Kim Chi Hoang, organizers of the new Indochinese Mutual Assistance Association, during opening ceremonies yesterday for a new refugee aid center at 5511 El Cajon Blvd. The association won $700,0⌐ in grant money from the state Department of S⌐ cial Services and the San Diego Private Industr⌐ Council.

El senador Pete Wilson saluda a Bounvah Rasih y Kim Chi Hoang, organizadores del nuevo IMAA. La asociación recibió $ 700,000 en donaciones del Departamento de Servicios Sociales del Estado y el Consejo de la Industria Privada de San Diego

- San Diego Union

La santidad del matrimonio

Ceremonia de bodas
tradicional de Laos
San Diego, California

15 aniversario de boda

25 aniversario de boda

Casado con Vilavkhone Connie Simuong el 29 de enero de 1977

"Un matrimonio feliz y un hogar feliz"

Matrimonio, familia y confianza

New York Life Financial Services

Bajo New York Life Financial Services, afinó su habilidad financiera como suscriptor de vida y salud; donde fue reconocido por su excelente desempeño en ventas y administración, calificó para el Consejo Ejecutivo de New York Life por dos años consecutivos y también fue Solicitante calificado para la Mesa Redonda de Millones de Dólares.

Solicitantes de la Mesa Redonda Million Dollar
de Life and Health Underwriter
New York Life Financial Services
1983-1991

El nuevo triunfo de América

Childe
global

Hace veinticinco años, Rasih fundó Global Childe, que literalmente Se traduce en "Niños del mundo" para promover la educación cívica a los inmigrantes asiáticos por una ciudadanía exitosa en todos los estados de América.

Global Childe El amor de la humanidad en el corazón.

BuuVan, con sus ambiciones extremas sobre la humanidad, se ha dado a sí mismo una misión delicada y sensible, así como una misión físicamente difícil de viajar por todo el país todas las semanas para entregar esta serie de mensajes de esperanza a los nuevos inmigrantes. Sus refugiados objetivo son aquellos que han renunciado a la esperanza de convertirse en ciudadanos de los Estados Unidos. Él los muestra de esa manera.

"Quería dar un mensaje de esperanza a una nueva generación"

-Buu-Van Rasih

Esa generación está formada por refugiados, de 50 o 55 años de edad o más, con al menos 20 o 15 años de residencia, respectivamente, en los Estados Unidos. Eso los califica automáticamente para la ciudadanía estadounidense; siempre que pasen el examen de naturalización respondiendo preguntas y respondiendo en inglés. Para muchos, especialmente los refugiados de Laos y otros países del sudeste asiático, la falta de dominio del inglés se ha convertido en un obstáculo insuperable.

-AsiaMediaInc.com

La influencia de la religión occidental

En 1994, Buu-Van sintió la presencia del Espíritu Santo y fue ordenado como ministro cristiano en Las Vegas, Nevada. Después de tener esta experiencia, Rasihdove en la literatura, y comenzó a escribir poesía.

Ganador de los Asian Heritage Awards 2006 para Arte, Literatura y Filosofía .; Matrimonio, familia, relaciones románticas y confianza: todos forman la base de gran parte del trabajo del poeta de San Diego Buu-Van Rasih. Es un miembro de buena reputación con la Sociedad Internacional de Poetas y ha logrado la distinción de Miembro Laureado Fundador. Él es un comunicador, y el encanto que viene de sus escritos proviene de su corazón bendito y sus profundos sentimientos sobre la cultura de la vida, para transformar a la humanidad desde dentro y hacerla nueva.

Sus poemas nuevos, más simples y cortos, pueden abrirse, iluminando las vidas de las personas, aumentando el placer del lenguaje de las personas. Muchos de sus nuevos poemas de América están arraigados en el cristianismo, la civilización, la familia doméstica, la justicia, el hombre y la naturaleza y la vida urbana. Todos sus nuevos poemas avanzan con cuidado hacia una nueva comprensión, alimentada por su propio conocimiento de las tradiciones y la cultura estadounidenses. Sus temas están más cerca de la humanidad común y sus nuevos poemas provienen del corazón de un espíritu estadounidense, el Nuevo Triunfo de América, pero también del genio de un poeta estadounidense.

La fe al Cristianismo

El nuevo Poeta Americano

Más tarde se sumergió en la literatura y comenzó a escribir poesía estadounidense. También está trabajando actualmente como Anfitrión / Entrevistador de la televisión VNCA en el Programa de Educación para la Cultura de la Paz y es coautor de los Libros de poesía de "bendiciones del corazón" y de "Versos de pensamientos sociales" de la Enciclopedia de los nuevos poemas estadounidenses.

"Bendiciones del corazón."

A Happy Marriage, and a Happy Home

Never both be angry at the same time.
Never yell at each other unless the house is on fire.
If one of you has to win an argument, let it be your mate.
If you have to criticize, do it lovingly.
Never bring up the past.
Neglect the whole world rather than each other.
Never go to sleep with an argument unsettled.
At least once every day, try to say one kind or complimentary thing to your life's partner.
When you have done something wrong, be ready to admit it and ask for forgiveness.
It takes two to make a quarrel, and the one in the wrong is the one who does the most talking.
Mix love and happiness, add faith.
Blend in understanding, tenderness, and patience. Add forgiveness.
Toss in laughter.
Generously serves the whole family.

Quiet thoughts, invigorating verses

BLESSINGS FROM THE HEART

Gia Trung Phước Hạnh
(Happy Marriage. Happy Home)

Cơn sóng dữ vung cánh tay tàn phá
Bãi cát lành ôm ấp mọi phong ba.

Nghĩa phu thê
sao khỏi lúc bất
hoà,
Nhưng dung hợp,
thứ tha là hạnh
phúc.
Hãy bỏ qua
những dị đồng
buổi sớm,
Để hoàng hôn
xây giấc mộng
nghinh xuân.
Thức giấc nhìn
nhau hoa lòng
chớm nở,
Đem cả chân tình
xây dựng ước mơ.
Yêu chẳng dối
gian, yêu là bác
ái,
Hãy để tiếng
lòng xoá những
chông gai.

Thuận vợ thuận chồng biển đông tát cạn,
Dệt gấm thêu hoa với mạng tơ hồng
Đôi chim chấp cánh trong vùng hoan lạc,
Tổ uyên ương viên mãn tiếng chim non.

San Diego ...

"Los versos de los pensamientos sociales: el VeST"

My Home Town

My little home town is locted in the heart,
of the Royal City, of Laos, called
Luangprabang.
It is mountainous countryside, with peaks
and valleys.
It is an ideal location to live-in or to visit.

Every time I visit my hometown,
it makes me cry
and I don't want to leave.
The memories pop up in my mind
about my dear family
and my closest friends
that I once associated with
in the years past.
They no longer exist.
People have moved,
my friends now have familyof their own.
The laughter and fun are gone.
The only thing that remains there are dis-
eases,
overpopulation and traffic.

I promise that I'll be back one day to visit,
but not to stay.

Tình Quê
(My Hometown)

Luang Prabang, Quê nhà xa thăm thẳm,
Giữa hoàng triều cương thổ xứ ai Lao.
Nằm trải thân bên núi cao đèo cả,
Chốn an cư, viễn khách cũng hữu tình,
Nay trở lại nhìn quê trong ngấn lệ,
Nỗi luyến thương ôi chẳng nỡ xa lìa!
Bao kỷ niệm năm xưa bừng sống lại,
Xóm làng đâu? Bằng hữu chẳng gặp ai!
Mắt nai tơ, tiếng reo hò đã mất,
Chỉ còn đây chen chúc lẫn thương đau.
Lại ra đi, bờ mi chưa ráo lệ,
Sẽ quay về mơ gợi chút hương xưa.

Ông Bửu Văn Rasih nhà văn, một nhân vật có uy tín trong cộng đồng Đông Dương Việt Miên Lào và là người đã từng đảm nhiệm nhiều chức vụ quan trọng từ 15 năm qua của nhiều đoàn thể và tổ chức giúp đỡ người ty nạn. Xuất thân là một kỹ Sư thuỷ lợi, tốt nghiệp Đại Học Nonthabury, Thái Lan. Ông đến Hoa Kỳ cũng với làn sóng người ty nạn khi Lào quốc bị Cộng Sản xâm chiếm. 15 năm hoạt động trong lãnh vực cộng đồng, có nhiều kinh nghiệm giao tế. Ông đã đem lại nhiều cảm mến nơi bạn bè, thân nhân và nhất là những người ty nạn Việt Miên Lào. Ông là người đầu tiên khởi xướng chương trình tổ chức IMMA (Indochinese Mutual Assistance Association), hội viên hội Chuyên Nghiệp Việt Nam San Diego, đương kim Tổng Thư Ký Phòng Thương Mại Đông Dương. Ông cũng là giám đốc sáng lập văn phòng Quốc Tế Thông Dịch Việt Miên Lào. (GLOBAL CHILDE INTERPRETING AND PUBLISHING).

Trong lãnh vực phục vụ cộng đồng, Ông đã nhận lãnh được nhiều giải thưởng cao quý Giải Outstanding Leadership Award vào năm 1983, Outstanding Board of Director Leadership Award năm 1985, USCC National Humanitarian Award năm 1980. Trong đời sống gia đình, Ông là một người chồng gương mẫu, có vợ và 3 con, hiện đang sinh sống tại San Diego. Hội văn liên đoàn Quốc Tế. Vinh danh Ông Bửu Văn là một nhà văn đã làm ra hai bài thơ này được đăng. Cuốn bài thơ năm 2006 "Sound of Poetry".

El nuevo Poeta Americano

Es un ganador de los premios Asian Heritage Awards 2006 para arte, filosofía y literatura, y de la International Society of Poets for the Editor's Choice Award en 2005 y 2006.

El nuevo triunfo de América, El genio de un poeta Americano

"Si bien la poesía puede parecer un ancronismo para esta época, la inspiración y los mensajes del poeta y ensayista Buu-Van Rasih son más necesarios que nunca. Escritor, historiador, lingüista y líder de la comunidad desde hace mucho tiempo, Buu-Van Rasih es una voz para nuestra época, que preside un sentido único de belleza, dedicado a la armonía y la comprensión y una apreciación de la experiencia y los sueños estadounidenses ".

- Leonard Novarro
Editor, ASIA, The Journal
of Culture & Commerce

El nuevo triunfo de América,
El genio de un poeta Americano

Marquis Who's Who in America ha seleccionado la biografía de Buu-Van Rasih para incluirla en la edición especial 2009 de Who's Who in America. Está incluido como el primer hombre de humanidades en el famoso libro de referencia en todas las bibliotecas públicas de los EE. UU. Que muestra la cultura, los negocios, el gobierno, las artes, la ciencia, la historia, los deportes y el marco académico de América y el mundo.

- PoemHunter.com

The Marquis Who's Who Publications Board

Certifies that

Bouavanh Rasih

is a subject of biographical record in

Who's Who in the World
Twenty-Seventh Edition
2010

inclusion in which is limited to those individuals who have demonstrated outstanding achievement in their own fields of endeavor and who have, thereby, contributed significantly to the betterment of contemporary society.

Fred M. Marks, Editor-in-Chief

Instituto de Educación para la Ciudadanía Rasih
(Carrera)

Con 25 años de experiencia en múltiples facetas del sector sin fines de lucro, que incluyen administración, recolección y evaluación de datos, liderazgo en educación, recaudación de fondos, relaciones humanas, desarrollo organizacional, investigación y desarrollo, redacción y desarrollo estratégico. Fundó el Instituto RaCE con su co-fundador Michael B. Nguyen.

El instituto promueve la educación cívica y el gobierno a nuevos inmigrantes asiáticos para obtener una ciudadanía exitosa en todo el estado de Arkansas, California, Kansas, Nevada, Oklahoma y Texas. El instituto también ha ayudado a preparar residencias legales permanentes para la ciudadanía y ha promovido la integración de inmigrantes en los Estados Unidos.

- LinkedIn.com

RaCE es uno de los institutos más grandes y completos basados en servicios de Ciudadanía e Inmigración en San Diego

RaCE comenzó un esfuerzo para proporcionar un bajo costo en:

- ServicesServicios de aplicación de naturalización.

- Instruction Instrucción de ciudadanía

- ApplicationsAplicaciones de tarjetas verdes

- Pet Peticiones relativas

- Servicios de interpretación y traducción.

- WaLa exención de incapacidad

- Ajuste de estado

- Derivaciones a abogado privado.

Por sus esfuerzos, el Departamento de Seguridad Nacional de EE. UU. Lo honra como un "2011 sobresaliente por elección", uno de los muchos galardones que ha recibido a lo largo de los años, incluido el de ser nombrado por la Estatua de la Libertad como Muro de Honor del Inmigrante -Ellis Island Foundation y recibir el "Premio Spirit of America" de la Conferencia Católica de los Estados Unidos.

Pero la insignia que más orgullosamente lleva es la de ser estadounidense.

"Para naturalizarse, los solicitantes deben responder una serie de preguntas en inglés". Rasih, a través de su organización, proporciona traductores, suministra manuales de instrucciones en idiomas nativos y capacita personalmente a los traductores. Según su propia cuenta, ha ayudado a más de 680 personas a convertirse en ciudadanos.

Su objetivo es ayudar a 1776 nuevos inmigrantes a convertirse.

Ciudadanos en la fabricación

Referencias

Buu-Van A.J. RasihBiografía

- http: //buuvanrasih.online.fr/
- http: //www.asianamerican.net/bios/Rasih-Buu-Van.html
- http: //www.poemhunter.com/buuvan-a-j-rasih/biography/'
- http: //www.asiamediainc.com/site/c.enJNKQNlFiG/b.7496863/k.7654/ House_of_Pacific_Relations.htm
- https: //www.facebook.com/brasih
- http: //www.linkedin.com/in/buuvanrasih

Instituto de Educación Global Childe y RasihCitizen

- http: //buuvanrasih.online.fr/
- http: //www.linkedin.com/in/buuvanrasih

El nuevo poeta americano

- http: //www.poemhunter.com/buuvan-a-j-rasih/poems/

Printed in the United States
By Bookmasters